LE CRIMINEL

ET

L'ANTHROPOLOGIE CRIMINELLE

RAPPORT

PRÉSENTÉ A LA SOCIÉTÉ DE JURISPRUDENCE

PAR

M. PAUL GERMA

AVOCAT

MEMBRE DE LA SOCIÉTÉ

TOULOUSE

IMPRIMERIE F. TARDIEU

6, RUE DES GESTES, 6

1890

LE CRIMINEL

ET

L'ANTHROPOLOGIE CRIMINELLE

RAPPORT

PRÉSENTÉ A LA SOCIÉTÉ DE JURISPRUDENCE

PAR

M. PAUL GERMA

AVOCAT

MEMBRE DE LA SOCIÉTÉ

TOULOUSE

IMPRIMERIE F. TARDIEU

6, RUE DES GESTES, 6

—

1890

LE CRIMINEL

ET L'ANTHROPOLOGIE CRIMINELLE [1]

Messieurs et chers Confrères

La campagne entreprise par l'Ecole anthropologique italienne n'est qu'un nouvel épisode
de la vieille lutte du matérialisme, ou mieux,
du positivisme contre le spiritualisme. Il faut
avouer cependant que si les fins de cette lutte
sont restées toujours les mêmes, les moyens
ont subi les lois du progrès ; le but de la con-
quête n'a pas changé, mais les armes se sont
sérieusement perfectionnées.

[1] Discours prononcé à la séance de rentrée de la Cour
et des Tribunaux de Grenoble, par M. Saint-Aubin, avo-
cat-général, membre affilié de la Société de jurisprudence
de Toulouse.

Le crime est un phénomène social, tout comme la misère, la maladie et la mort. Mais quelle est la nature de ce phénomène? Est-il le résultat d'un déterminisme inconscient ou le résultat d'une dépravation de la liberté morale? Pour l'école italienne, le libre arbitre n'existe pas, ou plutôt « n'est qu'une idée surannée, la doctrine préférée des ennemis de la libre-pensée et de toute Église orthodoxe. »

Les vieilles bases philosophiques du droit de punir, seraient donc profondément minées par les découvertes récentes. Des horizons nouveaux seraient ouverts à la science pénitentiaire et les principes généraux du darwinisme devraient être appliqués à la législation pénale. Une fois de plus, comme aux beaux jours de la Renaissance, l'Italie serait un foyer d'où la lumière vivifiante de la civilisation rayonnerait sur le monde entier!

Ces théories nouvelles ont reçu un certain retentissement par suite de la réunion à Paris, au mois d'août dernier, d'un congrès d'anthropologistes criminels, sous la présidence de M. le ministre de la justice. Plusieurs de nos savants, M. Taine, M. Fouillée, M. Jules Soury n'ont pas dédaigné d'y adhérer. Et ces adhésions n'étaient pas de nature à compromettre l'autorité de M. Lombroso et des autres fondateurs de l'Ecole anthropologique italienne.

Ce sont les doctrines de cette Ecole, que M. Saint-Aubin examine et critique dans son discours. Nous allons, Messieurs, le suivre rapidement dans l'exposé de sa thèse :

Les sciences positives tendent à l'heure qu'il est à tout envahir, la conscience comme l'organisme. Faisant application de leurs découvertes à la criminalité, elles ont la prétention de prouver que le crime n'est qu'une anomalie, une difformité et que l'homme naît criminel.

Ainsi le criminel ne serait autre qu'un être primitif qui reparaîtrait dans notre société par les accidents de l'évolution. Ce serait simplement un malade pour lequel il faudrait les secours de la médecine et non les rigueurs de la justice.

La théorie de la dégénérescence physique et morale est soutenue par deux écoles ; celle des criminalistes anthropologistes et celle des médecins aliénistes. De l'aveu de l'un d'entre eux, M. Garofalo, les conclusions de ces savants sont nombreuses, variées, et sur plusieurs points en désaccord. Le premier de tous est sans contredit M. Lombroso. Dans son ouvrage *l'Homme criminel*, il tourne et retourne l'être humain au moral comme au physique. Il examine sa conformation, ses antécédents, ses goûts, sa langue, sa littérature, et il en conclut qu'il n'y a qu'un criminel, le criminel-né. Il définit, d'après ses observations, le caractère anatomique de cet homme, et déclare que tout individu qui ressemblera à ce type préconstitué devra être déclaré coupable. On aura obtenu ainsi le *criterium anthropologique*. Et comme il a agi fatalement et qu'il récidivera fatalement, on devra l'enfermer. M. Garofalo est plus radical, il penche pour la mort.

Mais les caractères qui constitueraient les criminels-nés ne se montrent pas avec régularité, et les partisans de cette Ecole sont en contradiction quand il s'agit de déterminer ces fameux caractères anatomiques qui varient suivant les pays et les climats. M. Lombroso a opéré dans les prisons, et s'est adressé surtout à de grands coupables. Il est arrivé à des

résultats incertains. Combien plus incertains
seraient encore ces résultats s'il s'était adressé
à des gens appartenant à la petite, à la moyenne
et à la grande criminalité! Les caractères anor-
maux que l'on attribue aux criminels-nés, ré-
sultent de leur comparaison avec l'homme
normal qui sert, pour ainsi dire, de commune
mesure. Il faudrait, par conséquent, admettre
que ce dernier est un être parfaitement défini,
toujours semblable à lui-même. Or, ce n'est
pas exact; l'homme sain et moral n'est pas
sans défaut et sans tendance au vice.

D'autre part, l'Ecole anthropologique ne
considère que les délinquants qui se sont
laissé prendre; or, beaucoup de délinquants
échappent à la justice. De plus, combien d'actes antisociaux ne tombent pas sous l'application des lois de répression! Nous citerons les
atteintes à la propriété, à l'honneur, à la for-
tune d'autrui que la loi ne considère pas
comme des crimes, et pour lesquelles elle éta-
blit de simples réparations civiles. Sous ces
actes pourtant se dissimulent souvent de vraies
entreprises criminelles.

L'honnêteté et la vertu ne se caractérisent
sur un vivant par aucun signe objectif spécifi-

que. Et tel cerveau que l'on considère comme
le type normal, peut être celui d'un malfaiteur
plus adroit ou plus favorisé par la chance.
Donc, le type criminel n'est pas assez défini
pour permettre à la justice d'user du *criterium
anthropologique.*

A côté des anomalies physiques, M. Lombroso place les prédispositions héréditaires.
L'hérédité est un phénomène constaté : le semblable produit le semblable. « C'est une loi bio-
logique en vertu de laquelle les êtres vivants
ont la faculté de transmettre par la voie de la
génération les variétés acquises. » L'hérédité
existe au point de vue physiologique comme
au point de vue pathologique ; mais en est-il
de même au point de vue psychologique? Pour
l'Ecole italienne, la vie psychologique n'est
qu'un autre aspect de la même activité vitale
et en subit naturellement les lois.

Sans doute, l'hérédité du penchant au sui-
cide, au vol, au viol, à l'assassinat a été remar-
quée, des fils de voleurs ont été des voleurs.
Mais aussi faut-il tenir compte de la part d'influence du milieu et de l'éducation. Bien des
voleurs sont nés de parents honnêtes. A ces
objections, M. Lombroso répond en faisant

intervenir l'hérédité sous la forme obscure de l'atavisme. Mais ici nous touchons à l'indémontrable. Nous tenons pour acquis que dans le domaine psychologique, les exemples d'hérédité ne sont que des exceptions comparés à ceux qui en représentent la contre partie.

Le crime suit les progrès de la civilisation. Beaucoup de malhonnêtes gens se cachent sous des dehors honnêtes, et on ne peut accepter l'adage : *Monstrum in animo, monstrum in fronte.*

Bien plus, le personnel du crime se renouvelle sans cesse; il y a des individus qui montent et d'autres qui descendent dans la société. La famille du criminel est à chaque instant décimée par la prison, la relégation..... et sans cesse renouvelée par des éléments disparates venus de partout. Il y a une part faite à la volonté, même dans les cas d'hérédité du vice.

La volonté est un fait, on lui oppose un raisonnement. Aucun raisonnement ne peut faire que ce qui est ne soit pas. On ne peut transporter au monde intellectuel et moral, les procédés d'étude du monde physique. L'homme par l'effet de sa volonté, se transforme sans

cesse, s'améliore, se perfectionne ; l'histoire
elle-même n'est que le récit de ce mouvement.
La matière, au contraire, obéit à une loi d'im-
mobilité, dont elle ne peut se départir.

« L'hérédité psychologique existe comme
prolongement de l'hérédité physiologique, mais
non d'une façon uniforme, générale, absolue. »

Dans la troisième édition de son ouvrage,
M. Lombroso expose une théorie nouvelle,
celle du crime-folie.

Cette théorie alterne dans son livre, avec
celle du criminel assimilé au sauvage. Or, la
folie est incontestablement un fruit de la civilisation ; — d'où contradiction flagrante.

Mais, M. Lombroso place côte à côte les
criminels agissant en vertu de causes morales
et ceux agissant sous l'influence d'une maladie caractérisée.

M. Garofalo, « l'anthropologiste raisonna-
ble, » repousse cette théorie.

« Pour nous, l'acte criminel est celui qui
est entrepris par un homme conformément à
son caractère habituel, si non toujours avec
préméditation, du moins avec intention et
volontairement. L'acte de folie, au contraire, est
celui qui est imposé à un individu par un trouble

qui ne lui permet plus de percevoir, de sentir,
de raisonner, comme il le faisait auparavant
et comme le font autour de lui les hommes
sains et normaux. »

Le crime est le résultat de désordres
moraux, — la folie, le résultat de désordres
physiques. Le crime suppose la liberté, — la
folie en est la privation plus ou moins com-
plète.

« On ne peut nier l'influence physiologique
sur l'être moral, et c'est le propre d'un spiritualisme éclairé de tenir compte de cette influence. A ce point de vue, les travaux de
l'Ecole anthropologique ont une importance
manifeste et une utilité incontestable. Mais
c'est aussi le propre de la justice, chez nous,
de rechercher les degrés de la responsabilité,
et par suite de la culpabilité. On respecte ainsi
la nature de l'homme qui, si elle a d'effroya-
bles chutes, a aussi des retours inespérés. »

Telle est, en résumé, mes chers confrères,
l'étude très-complète de M. Saint-Aubin.

Cette étude, vous ne vous le dissimulez pas,

offre un intérêt considérable, mais cet intérêt est, à l'heure qu'il est, plutôt théorique que pratique. M. Lombroso, le chef avéré de l'Ecole italienne, a répondu, en effet, aux nombreux savants qui ont combattu ses opinions, qu'il s'apercevait une fois de plus que la roche tarpéienne était près du Capitole. On ne pouvait reconnaître avec plus d'esprit, l'effondrement complet d'un système savamment échafaudé !

Il serait toutefois injuste de notre part, de ne pas apprécier le mérite et l'utilité des travaux considérables de M. Lombroso et de ses disciples. Tant de recherches et d'efforts ne doivent pas rester stériles. C'est à nous surtout qu'il appartient de nous emparer de toutes ces observations, de tenir compte, dans une mesure équitable, de ces influences physiologiques et des milieux pour mettre en lumière les divers degrés de responsabilité du criminel. Ce sera toujours l'honneur de notre profession, essentiellement philantropique et humanitaire, d'éclairer la justice sur les vrais mobiles des actions délictueuses, en tenant compte d'une part de la liberté morale, d'autre part de tout ce qui peut la diminuer, et de permettre ainsi au juge de mieux peser la cul-

pabilité de l'accusé. Si Dieu nous prête vie,
mes chers confrères, si l'Ordre des avocats
résiste, comme il l'a fait jusqu'ici, aux attaques
dont il est l'objet, si nous pouvons continuer
à remplir ce beau rôle d'auxiliaires de la justice
et rester ce que nous sommes, les défenseurs
des malheureux et des faibles, nous serons les
premiers à nous applaudir des découvertes
de l'Ecole anthropologique italienne, car elles
nous permettront de mieux approfondir les
circonstances et les faits qui ont pesé sur le
libre arbitre. Et peut-être nos adversaires
seront-ils ainsi arrivés à un résultat opposé
à celui qu'ils se proposaient, en consolidant le
vieil édifice des lois répressives sur les bases
immuables de la volonté et de la liberté.

L'étude de M. Saint-Aubin présente tous les
caractères d'un travail consciencieux, qui com-
porte avec une érudition manifeste des recherches très scrupuleuses.

L'éminent auteur se plaît à combattre les
partisans de l'Ecole italienne avec leurs pro-
pres armes ; il oppose, avec un malin plaisir,
M. Enrico Ferri à M. Lombroso, ou M. Lombroso à M. Garofalo, montrant ainsi que l'unité
de la doctrine est encore moins le propre des

sciences expérimentales que des sciences mé-
taphysiques.

Il met en relief d'une façon saisissante, le
côté faible d'une doctrine, qui semble sans
cesse en opposition avec ses principes. M. Jules
Lemaître a jugé M. Zola d'un mot dans l'étude
qu'il consacre au chef de notre Ecole natura-
liste : Ce n'est pas un réaliste, dit-il, que l'auteur des *Rougon-Macquart*, c'est « un poète, »
et un « poète idéaliste. » Voilà qui semble bien
paradoxal et qui est pourtant bien vrai. Vous
avez la prétention de peindre d'après nature,
mais vos personnages sont trop noirs ! Vous
faites de véritables créations d'après quelques
données expérimentales et surtout d'après
votre imagination maladive et pessimiste !
L'Ecole italienne fait cela, Messieurs : elle
construit un homme criminel et veut plier tous
les criminels à ce type unique. Quelques-uns
s'y refusent et c'en est fait du système.

C'est plus qu'un discours qu'a écrit M. Saint-
Aubin, c'est une thèse et une thèse intéres-
sante. En ce moment, le positivisme, sous la
forme du réalisme, obtient un succès incontestable au théâtre, en littérature, dans les arts.
Il pénètre dans l'esprit et dans le cœur où il

produit infailliblement le scepticisme et l'égoïsme. Quelles sont les causes de ce succès? Ce n'est certainement pas pour le plus grand nombre la thèse scientifique qui attire et séduit dans cette école, mais bien l'appât tout sensuel qu'elle offre par le luxe de ses couleurs, la richesse de ses descriptions, la hardiesse des expressions et des situations. Cela explique bien que le positivisme ait été moins heureux dans l'application de ses principes à la criminalité. Ici, en effet, tout est pour l'esprit, il ne reste rien à glaner pour les sens. La défectuosité de la thèse scientifique devait donc apparaître sans voiles et sans pouvoir escompter un succès basé sur des préoccupations d'un ordre inférieur.

Il y aurait bien des rapprochements séduisants à faire sur les applications diverses de la doctrine positiviste, bien des enseignements intéressants à retirer de ses succès ou de ses insuccès! Mais j'ai hâte de conclure, en rendant hommage au spiritualisme éclairé de M. Saint-Aubin, qni honore la magistrature comme il honore notre société de jurisprudence, à laquelle il reste attaché par les liens de l'affiliation, et en constatant une fois de plus avec l'honorable M. Proal, conseiller à la Cour d'Aix, « que les vieilles vérités morales restent toujours jeunes, tandis que les paradoxes revêtus d'apparences scientifiques vieillissent vite. »

Toulouse, le 19 février 1890.

Toulouse. — Imp. F. TARDIEU, rue des Gestes, 6.

www.ingramcontent.com/pod-product-compliance
Lightning Source LLC
Chambersburg PA
CBHW050407210326
41520CB00020B/6501